EL LIBRO DE JULIA ROBERTS

Manuel Flórez Corral

Julia, Julia por mis adentros!...

Retomada ausencia del desencuentro.

Estás presente, toda una vida, toda una vida…

Tiempo pasado, para olvidar.

Qué vendrá un tiempo a reparar,

tu falta tan alta.

Hubo un tiempo, en que pasear

contigo, era el mejor abrigo,

que tuvo ningún amigo.

Tu cariño aconseja,

que sin tu compañía… vida vacía…

Sin camino abierto al reencuentro.

"En mis adentros"

El silencio confirma la opinión,
camino viejo que vuela alto…
Estado del ánimo perpetuo,
a orillas de la playa vieja.
Ámbito de ternuras y soledades,
quejosa vendría la paz,
paz dela roma constante.
Levedad dramática que porfía…
el cambio de amores perpetuos.
Quiso el tiempo contemplar,
el camino de las soledades.
Pensar es contemplar,
el anuncio sin premura.
Que quise premura.
Que quise amparar,
el camino a la ironía.
Sentido abierto por ver,
que tengo el ambiente cerrado.
Un sinvivir de castigo,
en que estuvo el tiempo preso.
Contemplar no es vivir,
es llamar al amor…

"Llamar al amor"

Castigo antiguo y peremne,

en que mover al olvido por siempre.

De soledades yo me aparto,

que juzgo sin deber,

por la grandeza del olvido.

Contemplar el vacío,

que quiso mi juicio apartar.

"Vacío"

El rizo de tu pelo, sostiene altura,

pelo rojo, caracol agazapado.

Figura de altura escultural,

ojos de miradas firmes,

sonrisa animada…

Labios perfilados y engarzados,

dientes, de marfil enclavado,

palabra fácil y complaciente,

orejas, que saben escuchar mucha cosa,

cintura de pura avispa,

piernas, espigadas y alargadas,

mujer perfecta, no siempre recta.

"El rizo de tu pelo"

Porfía el alma saliente.

Altera el ánimo consciencia.

Soledad ausente y concluyente.

De fuerza yo me encargo,

con dolor en el ambiente.

Harto, harto, harto…

Los adentros a rascar,

por el camino del viento.

Agonía, turbia y presente,

Comedia de puro trance,

a las pruebas me remito…

"Soledad ausente"

Ventura a tu grandeza,

camino abierto, al encuentro.

Tan pura, tan leve, en un sinvivir,

tienta la esperanza al destino…

Quiso la vida concluir,

con el ánimo exaltado.

Retuvo la añoranza,

sin cambio a tu lado.

Pobre silencio que porfía,

la calma, del sentir ausente.

Que quiso tu alma en presente,

pues el pasado fue malogrado.

Habrá futuro… ¿Habrá un futuro por ver?...

La ausencia en mi camino,

lleva entrañas a roer.

Siempre esperanza sin confianza,

que el camino está por ver…

"Tu grandeza"

Tu sonrisa, bien precisa.

Un cuerpo exaltado y alabado.

Ojo con brillar exultante,

sonrisa poco concisa.

Alta, delgada, desgarbada.

Que tu paso bien pisa,

un físico bien acabado.

Inteligencia exultante,

carácter soberbio y expectante,

a tu simpatía prendado…

Risa fácil, conversación amable.

Extrovertida, siempre afable,

que contigo de repente,

tengo el ánima exaltada.

"Ánima exaltada"

Simple ventura del cariño,
arrebato de luna al descubrir,
El camino cubierto de ternura,
por el amor que fue…
Sorpresa cambiante en el instante,
juicio de un mar por ver.
Expectante tiene el oficio,
pureza de justa cuerda.
Subió el camino de la vida,
por lugares siniestros y angostos
siempre viene la mirada, a juntarse
con el mar.
Pobre el hombre muerto,
pues en el desespero huyó…
Cambios vendrán a verte,
tras la taza del ser,
sorpresa del vivir,
que algún día sorprendió,
te quiero todo el día, toda la noche por siempre,
que por ser valiente, he tenido una vida de porquería…
Delante, detrás, de frente, que siempre,
estuviste en mi mente.
Solo, con gente, que no quiero compañía corriente,
a tu lado y yo encantado.

"A tu lado"

Que quiero por ti ser amado.

Quiero estar a tu lado,

que mi alma pasa hambre…

Querida, deseada, amada hoy y siempre,

que me fui de repente,

y a falta de amistad más hiriente.

Volvería a pasear contigo,

todo el día y noche, por ti consolado…

"Consuelo"

Pica el alma, en el fluir de un segundo.

Abierta ventura, por siempre tristeza,

Luna, sol, viento, agua, aire…

Naturaleza por ver, en cada instante.

Sentir, sentir mi ánimo,

fuera del ambiente del tiempo.

Quiso Dios proclamar,

ventura de un día por ver.

Por siempre la pereza,

en ánimo exaltado no vendrá…

Calma en el instante,

armonía del bien que vendrá…

Con el presente, con futuro,

el pasado olvidará…

No quiero ser una pieza…

temer, temer…

Sinrazón de castigo,

cambio brusco que tendrá,

camino abierto, de venturas.

"Sentir, sentir, mi ánimo"

12

Tiempo pasado, alterado.

En que volver a ver, los hechos contrahechos.

Tu ausencia es perra, tu ausencia desespera.

Un tiempo vivido sin pertrecho.

Un día, tras otro Dios quiera,

volver a verte a mi lado.

Yo un tanto alterado,

cuando el buen tiempo viniera.

A tu lado, un buen hecho,

que sin ti, estoy maltrecho.

Un día tras otro quisiera,

tu compañía ¿Por siempre amado?

"Tiempo pasado"

Conforme tu voluntad, tu compañía con lealtad.

Cuarenta años de espera, tu compañía altera.

Que quiero estar a tu lado, te doy el recado;

andando por la noche, entre compañía,

el tiempo vivido junto a ti fue de verdad.

Me sentí por ti apreciado, por todos los lados,

que quiero voluntad, mi cariño por ti,

fue siempre encantado.

Por siempre a tu amistad prendado.

Amistad, amor de infancia, es verdad,

que siempre te quise con veleidad.

Tu compañía fue un comienzo, de verdad,

por siempre mi lealtad, que quiero tu variedad, sin máscara…

El ánimo alterado, que fue paz a tu lado,

por todo ello grito a ciento,

que quiero tu compañía, es bien cierto.

"Amor de infancia"

El tiempo insignificante y ausente,

variedad de ánimo en que creí.

Tu ausencia altera, la consciencia,

con el recuerdo de tu compañía y paciencia.

Tu falta bien hiriente,

que hoy no quiero estar consciente.

Tu alegría, sabiduría y ternura,

que quiero tu compañía, y no quiero ciencia.

Tu apoyo siempre fue contundente,

que hoy bien maltrecho, con el tiempo percibí…

La falta de tu presencia, es concluyente.

Que hoy quiero tu alegría, es bien cierto,

en el pasado, en el presente,

que tu paz es concluyente…

"Tu paz es concuyente"

15

El papa me dijo ten calma,

solo en esta campaña,

y no por menos el alma,

arrebata con maña,

la paz y armonía que palma.

Desde muy adentro, de la entraña,

quiero tu compañía sin alarma.

Todo es una tela de araña,

Que el desosiego Arma.

"El desasosiego, arma"

El silencio confirma opinión,

camino vejo que vuela alto,

estado de ánimo perpetuo,

a orillas de la playa vieja.

Ámbito de ternura y soledades,

quejosa vendría la paz,

paz de aroma constate.

Levedad dramática que porfía…

El cambio de amores perpetuos,

quiso el tiempo contemplar,

el camino de las soledades…

Pensar en contemplar,

el anuncio sin premura…

Que quise amparar,

el camino a la ironía.

Sentido abierto por ver,

que tengo el ambiente cerrado.

¡Un sinvivir de castigo!

"Silencia sentido"

"Mystic Pizza", fue la primera película,
que escribimos juntos…¡sin prisa!
Hoy me parece ridícula,
que tu falta, me pisa la risa.
El alma recula,
que la vida es concisa.
El ánimo procura,
tu compañía bien precisa.
En que volver a escribir contigo,
en que estuvo el tiempo preso…
Contemplar no es vivir,
es llamar al amor…
Llamar amor que vendrá…
si algún día llegará la vigilia,
El ánimo preso llorará.
Castigo antiguo y peremne,
en que llover al olvido, por siempre.
¡De soledades yo me aparto,
que juzgo sin deber,
que juzgo…!
¡Por la grandeza, del olvido!
Contemplar el olvido,
contemplar el vacío,
que quiso mi juicio apartar.

"Mystic pizza"

Cuando estaba a tu lado, estuve siempre encantado.

La mejor compañía, que porfía,

que siempre quise ser tu alegría…

Me hiciste el mejor regalo de mi vida,

paseos con los perros, por las noches.

Conversación amable y grata, lo que la vida pida.

Que hoy no puedo estar sentado,

por ver tus películas bien alertado.

Estuve siempre a tu lado, alterado…

Que siempre estuve por ti admirado.

Que te quiero siempre y todavía,

cuarenta años después comparado…

Que siempre quise, estar a tu lado…

"Quiero estar a tu lado"

19

Una bomba, buscando mi muerte,

tu oíste, el dolor de la explosión.

Dos bombas, alertaron mi huida.

Escuchaste mi dolor, sin suerte…

A Nixon, pedí dimisión.

Quedarse aquí es suicida,

que no quiero mi muerte.

Me marché, desaparecí, tras verte…

¡Difícil, mi visión!

Que no hay más salida…

Que el exilio, o la muerte…

¡Gran complicación!

Cuarenta años después, de quererte

Siempre has estado en mi corazón.

Es normal, que pida,

La vuelta, a la vida y a verte…

"Exilio, exodo"

"Pretty Woman" bajando por la calle,

Paso firme, mover de caderas.

Elegante, sensual, firme,

divertida, comprometida, reafirmada.

¡Felicidad, sin aire oscura!

sonrisa fresca, de dulce mirada.

Ojos que destallan, al paso que afirma…

El valor de la mujer soberbia.

El espectador, admira el resplandor,

del movimiento femenino más genuino.

Excelsa mirada, sublime sonrisa,

en que se aprecia toda tu belleza.

¿Vendrás, a mí irás adonde?

El camino de la compra, con satisfacción…

¡Qué por ti, sólo hay pasión!...

"Pretty woman"

¡Felicidad ausente, en andanzas recientes¡

Saber qué hacer y adónde ir…

El tiempo bien presiente.

La calma del vivir.

¡Compromiso hiriente!

Sabiendo que volví a sentir…

¡No sé adónde partir,

y quiero volver a reír!

"Volver a reír"

¡Te quiero Julia, siempre te he querido!

Desde los nueve años, en que me encontré contigo…

Y cantando a Dios pido,

volver a tener la amistad, que he perdido…

Cuando te vea, no sé cómo estaré…

Tal vez un poco resentido.

¡Qué quiero, que quise no volver a ser malherido!

Tanto tiempo en el olvido…

¡Júbilo bien retenido,

en que volver a pasear contigo.

Sin tiempo, sin pausa presentida…

"¡Adios pido!"

Figura alta y maestra,

pues un día, te vi descompuesta.

Reír a tu lado, con comedia,

que no quiero parte compuesta.

Ella es zurda, y no diestra,

y amar ampara las soledades a medias…

¡Tuvo partes siniestras,

que contigo, todo es una fiesta.

Reír, reír hasta en la palestra.

¿Altiveces y presunción, no restan,

pues te veo correcta?...

Hoy soñé contigo, en la siesta.

Que te quiero, por toda respuesta.

Si el tiempo no lo remedia,

¿Volveré a seguirte, sin comedia?...

Que mucho tiempo, entre vosotros media…

¡Voy subiendo la cuesta,

que la vida muestra!

"¿Seguirte?..."

"Mystic Pizza", fue la primera película,

que escribimos juntos…sin prisa...

¡Risa de doce horas por día…!

Hoy me parece ridícula,

que tu falta, me pisa la risa…

El alma recula,

que la vida concisa.

¿El ánimo procura,

tu compañía, bien precisa?

En que volver a escribir contigo…

"Escribir contigo"

La luz en sombra aparece,

al fondo la oscura noche.

Resplandor ¿fin de la negrura incierta?...

Fogonazo nace al fondo,

termina el principio del fin…

Abierta ventura en el mar,

que la escora, se atrapalla…

El motor, el silencio, las ondas rompen,

la calma porfía, tras el viento con el mar…

Y el niño juega en la arena,

la madre prepara la cena.

¿Adónde mi barca irá…?

La estrella sin luna despierta,

a lo lejos todo un mar por ver…

El marinero lava sus pies, con salitre,

con la arena del mar.

¡Qué viene, ya viene la cena!

"¡Oscura noche!"

Roberts de Estados Unidos.

Roberts de Escocia…

Origen escondido, en perla roja.

Del norte al oeste ¿el origen de tu familia?

De Georgia, lugar oculto…

En Detroit, comenzó la amistad.

¡Que mi aprecio por ti es alto!

¡No quiero ciencia, quiero paciencia…!

La alegría de estar a tu lado,

sin el cuerpo alterado…

¡Mujer atractiva, sin ser altiva!

Amor de infancia perdido,

perdido por la distancia…

¿Alcanzar con audacia, tu compañía más querida?...

"Roberts"

27

En el barrio del carnaval,

hiciste la figura, más pura…

¡Papel de estrella que destella!

Astronauta, en película madura.

Tu propia vida, papel que con dulzura,

cuenta la historia de un amor sincero.

Promoción, hotel, salida…

Salir a dar una vuelta, por conciencia…

Querer ver el mundo, de la librería a la calle…

En que cuentas, tu propia vida de

sacrificio, falta de libertad…

Que el parque es grande,

y la vida no puede con la amistad.

"Notting Hill"

El circo de tu pasión,

es el cine más juguetón.

La comedia, el drama, que haces con erudición.

Pues la muestra, alcanza la mirada,

que quiero, a la actriz de la pantalla.

Siempre fuiste pura,

y no tuviste mirada dura…

Yo un poco simplón,

aprecio tu éxito, de forma madura,

Y no siendo juguetón,

aprecio tu trabajo, encantado.

Que siempre supe, tu primor;

que desde de niña, actúas en conjunción.

Toda tu mecha, alcanza la fecha,

en que no alterar sin pasión.

La más alta figura,

en que puso los ojos en ti, un fisgón.

¡Que siempre retuvo por ti amor!

"Tu primor"

Simpatía, abierta a la alegría,

dulzura bien pura…

Inteligencia con paciencia…

Escucha como nadie, que aquí hay compadre.

¿Mi premura en el encuentro,

aguarda arresto?

Guapa, bonita, agraciada,

por mucha gente amada…

Está el ánimo cautivo,

por la amistad y el amor, que retuvo.

El espanto alterado, de quien fue;

que quiero estar a tu lado ¿torturado?...

De noche, de día, pido a ciento,

la vuelta de la amiga de infancia…

¡Bien presente, en el ambiente,

tu falta tan alta!

¡Qué quiero tu compañía y no basta,

la pantalla en la fiesta, con tu falta!...

"Pantalla en fiesta"

El silencio confirma la opinión,
camino vejo que vuela alto.
Estado de ánimo perpetuo,
a orillas de la playa vieja.
Ámbito de ternuras y soledades,
quejosa vendría la paz,
paz del aroma constante;
levedad dramática que porfía,
el cambio de amores perpetuos.
Quiso el tiempo contemplar,
el camino de las soledades…
Pensar en contemplar,
el anuncio sin premura.
Que quise amparar,
el camino a la ironía.
Sentido abierto por ver,
que tengo el ambiente cerrado.
Un sinvivir de castigo,
en que estuvo el tiempo preso.
Contemplar no es huir,
es llamar al amor…
Llamar al amor que vendrá,
Si algún día llegara la vigilia,
El ánimo preso llorará…

"Llamar al amor"

¡Castigo antiguo peremne!

En que llover al olvido, por siempre…

¡De soledades, yo me aparto,

que juzgo sin deber,

por la grandeza del olvido!

Contemplar el vacío,

que quiso mi juicio apartar…

"Peremne"

Está el presente deslavazado,

que hoy también, quiero estar a tu lado…

Mil enigmas de interés,

pues está todo al revés.

Mucho tiempo me sentí desplazado,

me gustaría estar acurrucado,

…a tu hombro arrimado.

Pues puedo abrir bocado.

¡Sentí, tu ausencia perra,

pues todo esto es una guerra!...

Bien trabado a tu pierna,

mujer que bien gobierna,

El ánimo aplacado.

Que quiero que venga,

el sueño no alcanzado,

De estar siempre a tu lado.

"El sueño no alcanzado"

Drama con comedia,

la fuerza de la vida, el sabor de la verdad.

La voluntad, el esfuerzo de la madre soltera…

¡Que envenenaron, sin perdón!...

Hiciste el papel de la mujer,

mujer que con tesón,

buscó la justicia certera…

¡Envenenar, matar, alterar, y

tres hijos para criar!...

¡Un canto a la vida Dios quiera,

la verdad contra el poder.

¡El poder del dinero sin criterio!

¿Envenenar la vida, sin compasión

que contigo, hay justicia verdadera?

¡Óscar de mérito!

por una película de verdad cierta.

"Erin Brockovich"

Figura alta y maestra,

pues un día, te vi descompuesta.

Reír a tu lado, con comedia, que no

quiero parte contrapuesta.

Ella es zurda y no diestra y am,

cm para, las soledades a medias.

¡Tuvo partes siniestras,

que contigo, todo es una fiesta!

Reír…Reír, hasta en palestra…

¿Altiveces y presunción, no restan,

pues te veo correcta?

Hoy soñé contigo, en la siesta.

¡Qué te quiero, por toda respuesta!

¿Si el tiempo no lo remedia,

Volveré a seguirte sin comedia?

Que mucho tiempo entre nosotros media…

¡Voy subiendo la cuesta,

que la vida muestra…

"Entre nosotros media"

Me regalaste, mi perro Tommy,

fue el mejor regalo de mi vida.

Hoy también, comí sin ti.

¡Lo que mi alma pida,

no es sencillo en éste día.

¡Pasear contigo con los perros!

Nacer de noche contigo…

Que hoy también pretendí;

Un querer sin medida.

¿No por tener comida,

Con el alma que perdí?... ¿Perdí?...

¿Volver a la amistad pretendida?

¡Sin ti no consigo,

Volver a tener otro perro, sin tu compañía!

Te quiero, de forma desmedida…

"Nacer de noche contigo"
36

El burro, rebuzna en la plaza,

no consigues vivir en México.

Película de mafia andante…

Las Vegas aguarda el encuentro…

El coche se llama Manuel,

moverse altera consciencia…

El juego de interés truncado,

por la memoria sin encuentro.

Otra historia ha de venir,

contigo el drama silencia,

que por veces no hay consciencia;

mil enigmas de interés,

en dos países de espaldas…

¿Habrá o no de venir?...

"The Mexican"

Fuiste violada y maltratada en Madrid,

por estar conmigo, por estar conmigo…

Por pasar una noche, en un hotel conmigo…

¡No fue mi culpa, no fue mi culpa…

Me odiaste tres años…

No fue mi culpa, fue por estar conmigo.

¡Ese país es como es, Ese país es como es!...

Por ser extranjera, por ser extranjera…

¡No fue mi culpa, no fue mi culpa!...

Te adoro Julia, siempre te adoré…

¿Cómo podría yo maltratarte?

Fue por estar conmigo…

Extranjera desconocida todavía,

en el país de la sinrazón y envidia…

¡Este país es como es…este país es como es!...

Perdón sin culpa, sin razón de castigo.

¡Te adoro Julia, siempre te adoré!

¿Cómo podría yo maltratarte si te adoro?

"Siempre te adoré"

Me duele Madrid, me duelen sus calles…

De retiro a Chamberí… camino de silencio,

Soledades que aparto, sin ver…

¡Luz de farola, ruido de basuras, noche triste!

Bochorno, frío y a veces nieve.

Mimo y ruido sin sentido…

Despierta pronto, transportes, trabajo…

Vuelta a casa, transporte.

Y al día siguiente…

Compartir, amar, relajarse, sosegarse,

…todo eso se perdió en el camino,

¡Asfalto y piedra!

Vida dura sin calidad…

Abrir puertas al campo, una charla,

Una caricia… No, no, eso no es para nosotros…

Al alba llegará el nuevo día,

de penumbra, incierta… el asfalto llorará.

"Me duelle Madrid"

El silencio confirma la opinión,
camino viejo que vuela alto.
Estado de ánimo perpetuo,
a orillas de la playa vieja.
Ámbito de ternuras y soledades,
quejosa vendría la paz,
paz del aroma constante.
Levedad dramática que porfía.
El cambio de amores perpetuos.
Quiso el tiempo contemplar,
el camino de las soledades…
pensar en contemplar,
el ánimo sin premura.
Que quise amparar,
el camino a la ironía…
Sentido abierto por ver,
que tengo el ambiente cerrado.
Un sinvivir de castigo,
en que estuvo el ambiente preso.
Contemplar no es vivir,
es llamar amor…
Llamar al amor que vendrá…
si algún día, llegara la vigilia,
el ánimo preso llorará.

"Camino a la ironía"

Mujeres de muchos hombres…

El compromiso altera consciencias.

La canción del abandonado suena,

reír con fondo de drama.

Si tu vida fuera de verdad,

quizás tengas suerte…

Un hombre… otro hombre…

Probar, que no satisfacen de verdad.

La chica quiso jugar,

uno tras otro, sin altar…

¿Cómo se puede manipular?

Que hay lealtad…

…Amor de verdad, por ver…

"Novia a la fuga"

El desahogo del hombre que sufre,

busca una mujer que escuche…

Por dos veces me consolaste, en mi vida,

por dos veces…

Tras las bombas… oíste mi sufrir…

Años después en Escocia.

Oíste, el dolor de mi alma…

Eso no se olvida, eso no se olvida…

Eso un hombre, no lo olvida…

Amores de intereses…

Amores que buscan algo…

¿Cuándo un amor, de verdad?

"The end"

Made in the USA
Las Vegas, NV
04 August 2021